€18,50

GW00634497

Μάνη · Mani

ΑΘΗΝΑ 2009

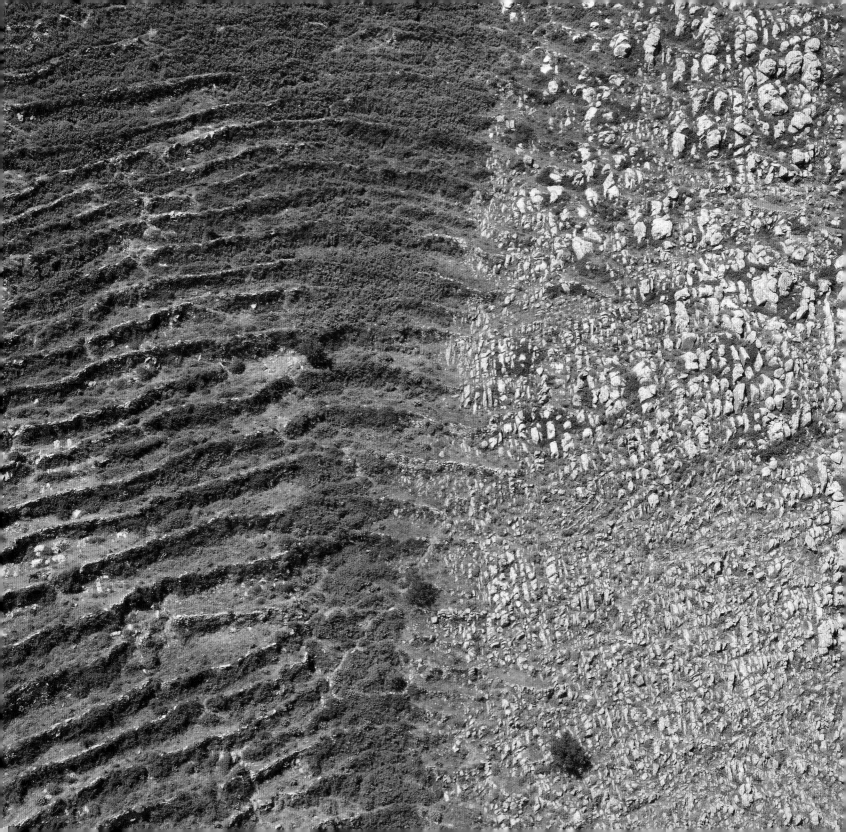

Τραχύ, με περιορισμένους φυσικούς πόρους, πυκνό δίκτυο οικισμών και οχυρωμένων συγκροτημάτων, αναρίθμητες πεζούλες από ξερολιθιά και περιτοιχισμένα κτήματα, το τοπίο της Μάνης αφηγείται το σκληρό αγώνα των ανθρώπων της για επιβίωση και αυτοτέλεια αλλά και τους ιδιότυπους κώδικες της κοινωνικής της ζωής.

Το τειχισμένο συγκρότημα του Αντωνόμπεη, στον Αγερανό
The fortified complex of Antonobei, at Ageranos

Rough, with few natural resources, many villages and fortified structures, Mani's landscape is a testament to its people's hard struggle to survive and maintain their independence, and evidence of its singular social organisation.

Η Μάνη είναι μια γεωγραφική και πολιτισμική ενότητα που καταλαμβάνει τη μεσαία από τις τρεις χερσονήσους της νότιας Πελοποννήσου, αυτή που λογχίζει το πέλαγος με το αιχμηρό ακρωτήρι Ταίναρο ή Κάβο Ματαπά.

Τη ραχοκοκκαλιά της σχηματίζουν ο επιβλητικός Ταΰγετος και ο πολυκόρυφος Σαγγιάς.

Το βορειοδυτικό τμήμα της συνιστά μια ξεχωριστή υποενότητα που επονομάζεται *Έξω Μάνη* - ή και *Μεσσηνιακή*, λόγω της υπαγωγής της στο νομό Μεσσηνίας - και εκτείνεται από την κορυφογραμμή του Ταϋγέτου μέχρι τις ακτές του Μεσσηνιακού Κόλπου. Η Έξω Μάνη είναι τόπος εύφορος, με πλούσια βλάστηση και άφθονα νερά. Δυο βαθιές χαραδρώσεις διατέμνουν το πολύπτυχο ανάγλυφο του δυτικού Ταϋγέτου, του Ριντόμου-Κοσκάρακας και του Βυρού, που εκβάλει δίπλα στην ονομαστή Καρδαμύλη. Μια ακόμα εύφορη υποενότητα συναντάμε στα βορειανατολικά, εκτεινόμενη από τη νοτιοανατολική άκρη του Ταυγέτου μέχρι τις παραλιακές πεδιάδες νότια του Γυθείου, η οποία αποτελεί την ανατολική πύλη εισόδου στη *Μέσα Μάνη*. Στο πέρασμα προς τη Μέσα Μάνη στέκει το φράγκικο κάστρο του Πασαβά, από όπου περνά και ο δρόμος Γυθείου - Αρεόπολης, ακολουθώντας μια ύφεση του αναγλύφου, όριο ανάμεσα στον Ταΰγετο και το Σαγγιά.

Η ίδια η κορυφογραμμή του Σαγγιά χωρίζει τη Μέσα Μάνη σε *Προσηλιακή* (ανατολική) με πλαγιές που πέφτουν απότομα προς το Λακωνικό Κόλπο και *Αποσκιερή* (δυτική) όπου το ανάγλυφο σχηματίζει ένα φαρδύ σκαλί στη βάση των κορυφών, στο οποίο είναι χτισμένοι οι περισσότεροι οικισμοί. Στην πλευρά αυτή σχηματίζονται και μερικά αξιοπρόσεχτα ακρωτήρια, όπως το *Τηγάνι*, με το βυζαντινό του κάστρο στην άκρη του, και το φυσικά οχυρό *Κάβο Γκρόσσο*, ογκώδες και επίμηκες, με επίπεδη στέψη κατάστικτη από οικιστικά λείψανα της αρχαίας πόλης *Ιππόλας* και μεταγενέστερων χρόνων. Το Γκρόσσο είναι τριγύρω απόκρημνο, ιδιαίτερα προς τη μεριά της θάλασσας, όπου εμφανίζεται διάτρητο από σπηλιές, δικαιώνοντας και το αρχαίο τοπωνύμιο *άκρα Θυρίδες*.

Οι νότιες περιοχές της Μέσα Μάνης που ονομάζονταν και *Κακαβουλία*, έχουν τοπίο άγριο, λιτό και στεγνό και καταλήγουν στο Ταίναρο, πύλη του Άδη στα αρχαία χρόνια όπου λειτουργούσε ιερό - ψυχοπομπείο αφιερωμένο στο χθόνιο Ποσειδώνα.

Η κατοίκηση στη Μάνη έχει πολύ βαθιές ρίζες στο χρόνο όπως μαρτυρούν ίχνη της παλαιολιθικής σε παραθαλάσσια σπήλαια. Νεολιθικά, ελλαδικά και μυκηναϊκά κατάλοιπα έχουν βρεθεί σε αρκετές πεδινές θέσεις και σε χαμηλούς λόφους. Στα χρόνια της κυριαρχίας της Σπάρτης υπήρχαν αρκετές μικρές κώμες στη χερσόνησο, ενώ το Γύθειο και η Καρδαμύλη ήταν τα επίνεια της Σπάρτης. Στα ρωμαϊκά χρόνια οι κύριες παραλιακές πόλεις συγκρότησαν το Κοινό των Λακεδαιμονίων που αργότερα μετονομάστηκε σε Κοινό των Ελευθερολακώνων, σε μια περίοδο ευημερίας_χάρη στην ειρήνη και το εμπόριο - κυρίως μαρμάρου (τότε εξορύσσονταν και τα περίφημα rosso antico της περιοχής

του Προφήτη Ηλία Δημαρίστικων) και πορφύρας. Το τέλος του αρχαίου κόσμου σημαδεύτηκε από τις επιδρομές των βαρβάρων, τις οποίες ακολούθησαν οι πειρατικές επιδρομές των Αράβων και η από βορράν εισβολή των Σλάβων. Το όνομα *Μαΐνη* ή *Μάνη* εμφανίζεται στα μεσοβυζαντινά χρόνια (περί τον 9° αιώνα) και μέσα στους επόμενους αιώνες η περιοχή εκχριστιανίζεται και χτίζονται πολυάριθμες εκκλησίες. Η εξουσία των Φράγκων δεν μπόρεσε να διεισδύσει βαθιά στη Μάνη, όπως και τα δύο μεγάλα φρούρια τους, το *Beaufort* στο Λεύκτρο (κοντά στη Στούπα) και ο *Πασαβάς*, που αναφέραμε πιο πάνω. Ισχυρή αντίσταση προέβαλε η Μάνη και στα τουρκικά στρατεύματα συνεπικουρούμενη από την οχυρή γεωγραφία της. Σε μια ανυπότακτη και αυτοδιοικούμενη περιοχή η πολεμική ετοιμότητα ήταν βασική αξία ζωής και οι Μανιάτες ήταν από τους πρώτους που ανταποκρίθηκαν στο κάλεσμα του ξεσηκωμού του '21. Στις 17 Μαρτίου του 1821 με προτροπή των Παπαφλέσσα και Κολοκοτρώνη κήρυξαν επίσημα την επανάσταση στην Τσίμοβα (Αρεόπολη). Οι Μανιάτες συμμετείχαν σε όλες τις μεγάλες μάχες του Μωριά (Τριπολιτσά, Βαλτέτσι κλπ). Ονομαστές άλλωστε είναι και οι μάχες της Βέργας, του Διρού και του Πολυάραβου, που αναχαίτισαν την επέλαση του Ιμπραήμ στη Μάνη.

Οι ιδιαιτερότητες του φυσικού χώρου αλλά και της κοινωνικής οργάνωσης συντέλεσαν στη δημιουργία του οικιστικού τοπίου που κάνει τη Μάνη ξεχωριστή μέχρι τις μέρες μας. Στο βορρά, οι οικισμοί έχουν σχετικά μεγάλο μέγεθος και αποτελούν εξέλιξη παλαιότερων βυζαντινών και μεσαιωνικών πυρήνων. Ο θεσμός των Καπετανιών ανέδειξε εδώ μια ολιγάριθμη τάξη ισχυρών οικογενειών που διέθεταν επιβλητικά συγκροτήματα εντός ή εκτός των οικισμών με καλοχτισμένο οχυρωματικό περίβολο. Κάθε τέτοιο συγκρότημα περιλάμβανε μερικά μεγάλα κτίρια, έναν ευρύ πύργο, χτιστές δεξαμενές και συνήθως μια εκκλησία του προστάτη της οικογένειας αγίου. Στο νότο η κοινωνία ήταν κατακερματισμένη σε πατριαρχικές ομάδες που λόγω των περιορισμένων φυσικών πόρων δεν μπορούσαν να συγκεντρώσουν πλούτο. Κυρίαρχο στοιχείο της κοινωνικής καταξίωσης ήταν τα ντουφέκια (η πολεμική δύναμη κάθε οικογένειας) και κάθε οικογενειακός κλάδος που δυνάμωνε φρόντιζε να χτίσει έναν ψηλό πύργο που να φρουρεί άγρυπνος τα ταπεινά της σπίτια. Οι οικισμοί του νότου συγκροτούνται από συσσωματώματα οικογενειακών μαχαλάδων ανάμεσα στους οποίους ξεχωρίζουν οι πολυάριθμοι ψιλόλιγνοι πολεμόπυργοι με τα λιγοστά ανοίγματα, τα πιο εκφραστικά ίσως σύμβολα της ψυχής του τόπου.

Η εικόνα της Μάνης ολοκληρώνεται στο Σαγγιά με τις γυμνές πυραμιδωτές κορυφές και τις εσωτερικές κοιλάδες με τα εντυπωσιακά συμπλέγματα από πέτρινα μαντριά και μάντρες και τα πρασινωπά χαράγματα των βαθμηδωτών χωραφιών, τους παλιούς σιτοβολώνες της Μάνης.

*M*ani is a geographical and cultural entity, situated in the middle of the three peninsulas that make up the southern Peloponnese, the one that plunges into the sea and ends up in Cape Tenaro, also known as Cavo Matapan.

Mani's spine is formed by the imposing mountain ranges of Taygetus and Saggias.

Northwest Mani is a discrete region called Exo or Messiniaki Mani (meaning Outer or Messinian) and stretches from the Taygetus range to the shores of the Messenian Gulf. It is fertile, with rich vegetation and abundant water resources. The gorges Rintomo-Koskaraka and Vyros, which ends up near Kardamyli, cut through the uneven terrain of western Taygetus. Another fertile area can be found in the northeast, stretching from the southeast edge of the Taygetus to the lowlands near the shores south of Gytheio, which is the eastern gate into Mesa, or Inner, Mani. Going towards Mesa Mani, on the road from Gytheio to Areopolis, is the Frankish castle of Passavas. Further south the road follows a dip in the terrain that forms the border between Taygetus and Saggias.

Saggias divides Mesa Mani into Prosiliaki Mani (literally meaning Mani "towards the sun", or eastern), with slopes that plunge down to the Laconic Gulf, and Aposkieri (western or "shady") Mani, whose terrain forms a broad step at the foot of the mountains, where most of the villages are situated. This side has some notable capes, such as Tigani, with a Byzantine castle at its tip, and Cavo Grosso, long and massive, and dotted with the remains of the ancient city of Hippola and more recent settlements and fortifications. Cavo Grosso has steep cliffs and is so riddled with caves and holes that the ancients named it Thyrides (windows).

The terrain of the southern areas of Mesa Mani, which also used to be called Kakavoulia, is wild, dry and austere. Mesa Mani ends at Cape Tenaro, in antiquity believed to be a gateway to Hades, where a sanctuary dedicated to Poseidon used to be.

Mani has been inhabited for a very long time, and this is testified to by Palaeolithic findings in seaside caves. Neolithic, Helladic and Mycenaean remains have been found in many locations in the lowlands and on hills. When Sparta was at its peak, there were many small market towns in the peninsula, while Gytheio and Kardamyli were Sparta's ports. In the Roman era, the main seaside towns made up the League of the Lacedaemonians that was later renamed the League of the Eleftherolakones (Free Laconians), in a period of peace, wealth and trade – mainly in marble (it was at this time the renowned rosso antico of the Dimaristika region was quarried) and porphyry. The end of the ancient world came with the raids carried out by the barbarians, followed by pirate raids and the invasion by Slavs. The name Maini or Mani appeared in the Byzantine era (approximately 9th century) and over the next few centuries the region was Christianised and many churches were built. Frankish rule did not penetrate deeply into Mani, nor did their castles, two examples of which are Passavas and Beaufort at Leuktro (near Stoupa). Mani, aided by its fortress-like geography, also put strong resistance against Ottoman troops. In this fractious, self-governed area, readiness for war was a basic tenet for the inhabitants and Mani residents were amongst the first to answer the call to revolt in 1821. On 17 March 1821, at the urging of Papaflessas and Kolokotronis, Mani officially declared its uprising against the Ottoman Empire at Tsimova (Areopolis). Maniates took part in all the great battles of the greek revolution like Tripolitsa or Valetsi. At Verga, Diros and Polyaravos, Ibrahim Pasha's attack on Mani was intercepted.

The singularity of the environment and local social organisation created an architectural landscape which has made Mani unique even these days. In the north, villages are relatively large and are the descendants of older Byzantine and medieval settlements. The "Kapetanaioi", or Captains, were a small class of powerful families who had imposing fortress-like residences, either within or outside villages. Every such complex had several buildings, a large tower, its own reservoirs, and usually a church dedicated to the family's patron saint. In the south, the local society was fragmented into patriarchal groups which, because of the region's lack of natural resources, could not accumulate great wealth. The main status symbols was the "rifle" (the military might of every family) and every family that managed to become stronger would build a tall tower to guard over its humble homes. The southern villages were collections of family residential complexes, dotted with tall war towers that had very few apertures – a very expressive symbol of the region's psyche.

To get the whole picture of Mani, one must see Mt Saggias, with its pyramid-shaped peaks and internal valleys with imposing stone huts and enclosures for domestic animals, and the green patches of the terraced fields which were the breadbaskets of Mani.

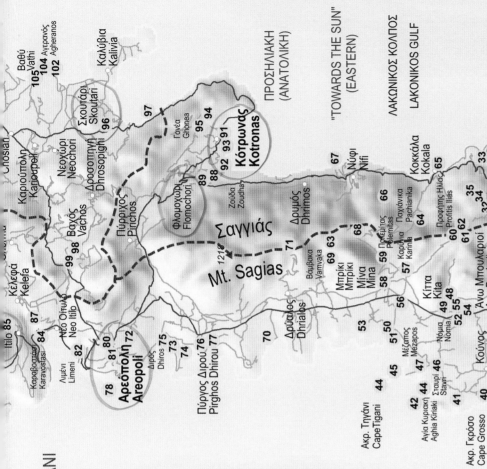

ΜΕΣΑ ΜΑΝΗ / INNER MANI

ΠΡΟΣΗΛΙΑΚΗ (ΑΝΑΤΟΛΙΚΗ)

"TOWARDS THE SUN" (EASTERN)

ΛΑΚΩΝΙΚΟΣ ΚΟΛΠΟΣ

LAKONIKOS GULF

ΑΠΟΣΚΙΕΡΗ (ΔΥΤΙΚΗ)

"SHADY" (WESTERN)

38 Η θέση των εικόνων αποτυπώνεται στο χάρτη και η αρίθμησή τους αντιστοιχεί στην αρίθμηση των σελίδων

The location of the pictures is recorded on the map and the numbers refer to the page numbers

0 2 4 6 8 10 km

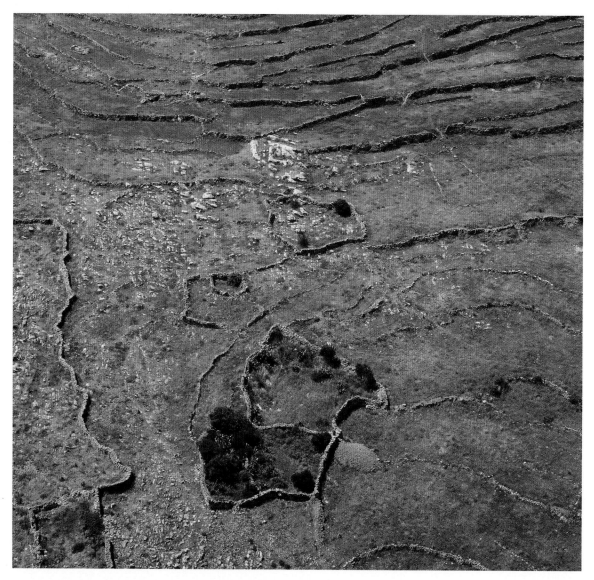

Αγροτικό τοπίο ανάμεσα Μιανές και Αγριοκάμπι
Farmland between Mianes and Agriokambi

απέναντι: Ο οικισμός Κοκκινόγεια, ο τρίλοβος όρμος Πόρτο Στέρνες και το ακρωτήρι Ταίναρο στο βάθος
facing page: The settlement of Kokinoghia, the three-coved bay of Porto Sternes and Cape Tenaro in the background

σελ. 8: Ο φάρος του Ταινάρου
page 8: The lighthouse of Cape Tenaro

σελ. 9: Η σπηλια – πύλη του Άδη στο Ταίναρο
page 9: The cave – gate to Hades at Tenaro

*Ο πύργος στο Καστρί και
ο πύργος Γρηγοράκη στον
αυχένα ανάμεσα Μαρμάρι
και Πόρτο Κάγιο*

*The tower at Kastri and
the tower of Grigorakis
between Marmari and
Porto Kaghio*

*απέναντι:
Ο Πάλιρος και το φυσικό
λιμάνι του Πόρτο Κάγιο*

*facing page:
Paliros and the natural
port of Porto Kaghio*

Ο επιβλητικός πύργος του Γρηγοράκη
The imposing Grigorakis tower

απέναντι: Το Μαρμάρι και η παραλία Μέσα πηγάδι
facing page: Marmari and Mesa Pigadi beach

Η παραλία Αντρογιάλι

Androyali beach

απέναντι: Το Πόρτο Κάγιο, (παραφθορά του Port aux cailles=λιμάνι των ορτυκιών) απ όπου εξάγονταν παστωμένα τα χιλιάδες ορτύκια που συνέλεγαν με δίχτυα οι Μανιάτες.

facing page: Porto Kaghio (corruption of Port aux cailles=port of the quails) from where the Maniates used to export thousands of quails caught in nets during migration

Κάστρο του Αχιλλείου στο βόρειο μυχό του Πόρτο Κάγιο, με τα νεότερα κτίσματα-κατοικίες στο εσωτερικό του
Achilion fortress, at the northern inlet of Porto Kaghio, with recently-built houses

απέναντι: Η παραλία Νεώρια, στον όρμο του Πόρτο Κάγιο
facing page: Neoria beach at Porto Kaghio bay

Η Βάθεια, οικιστικό σύνολο που άκμασε στο β μισό του 19ου αι.
Vathia, a settlement that was at its peak in the latter half of the 19th century

Κατάλοιπα της αρχαίας Καινήπολης. Διακρίνεται τμήμα της αψίδας Βασιλικής στη θέση Άγιος Πέτρος, χτισμένης γύρω στο 500
Remains of ancient Kainipolis. Part of the arch of the Basilica at Aghios Petros built around 500 AD, can be seen

απέναντι: Γενική άποψη του ακρωτηρίου της Καινήπολης
facing page: View of the Kainipolis cape

*Η παραλία του
Αρμυρού κάτω
από την αρχαία
Καινήπολη*

*Armiros beach,
close to ancient
Kainipolis*

*απέναντι: Ακραία
σπίτια του
οικισμού των
Άλικων*

*facing page:
Outermost
houses of the
village of Alika*

Ο κάμπος της Κυπάρισσου – Άλικων και η κορυφή του Προφήτη Ηλία των Μπουλαριών στο βάθος

The plain of Kyparissos – Alika, and the summit of Profitis Ilias in the background

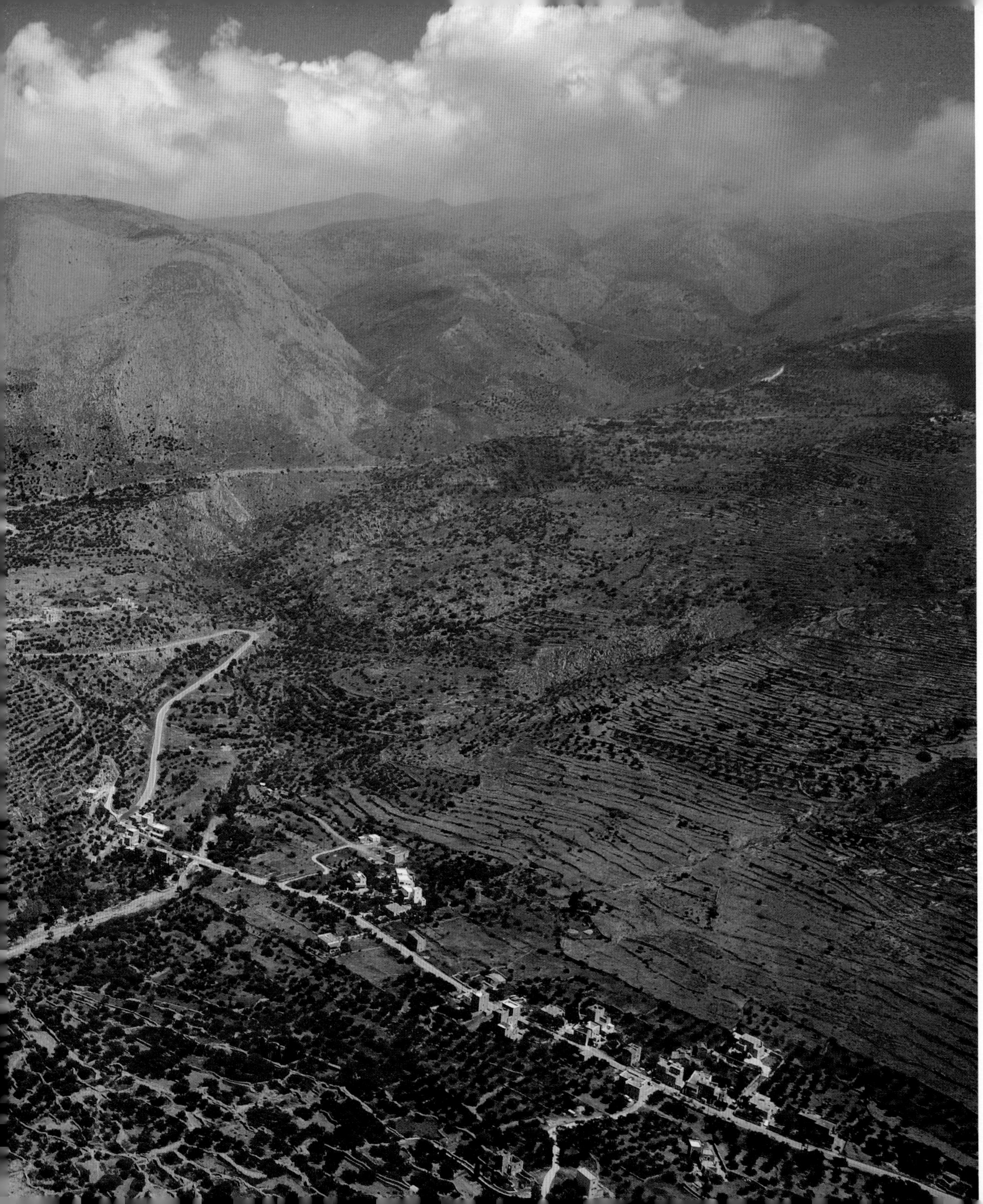

*Η ακτή κάτω
από τα Άλικα*
The seashore
near Alika

απέναντι: Τσικαλιά
facing page:
Tsikalia

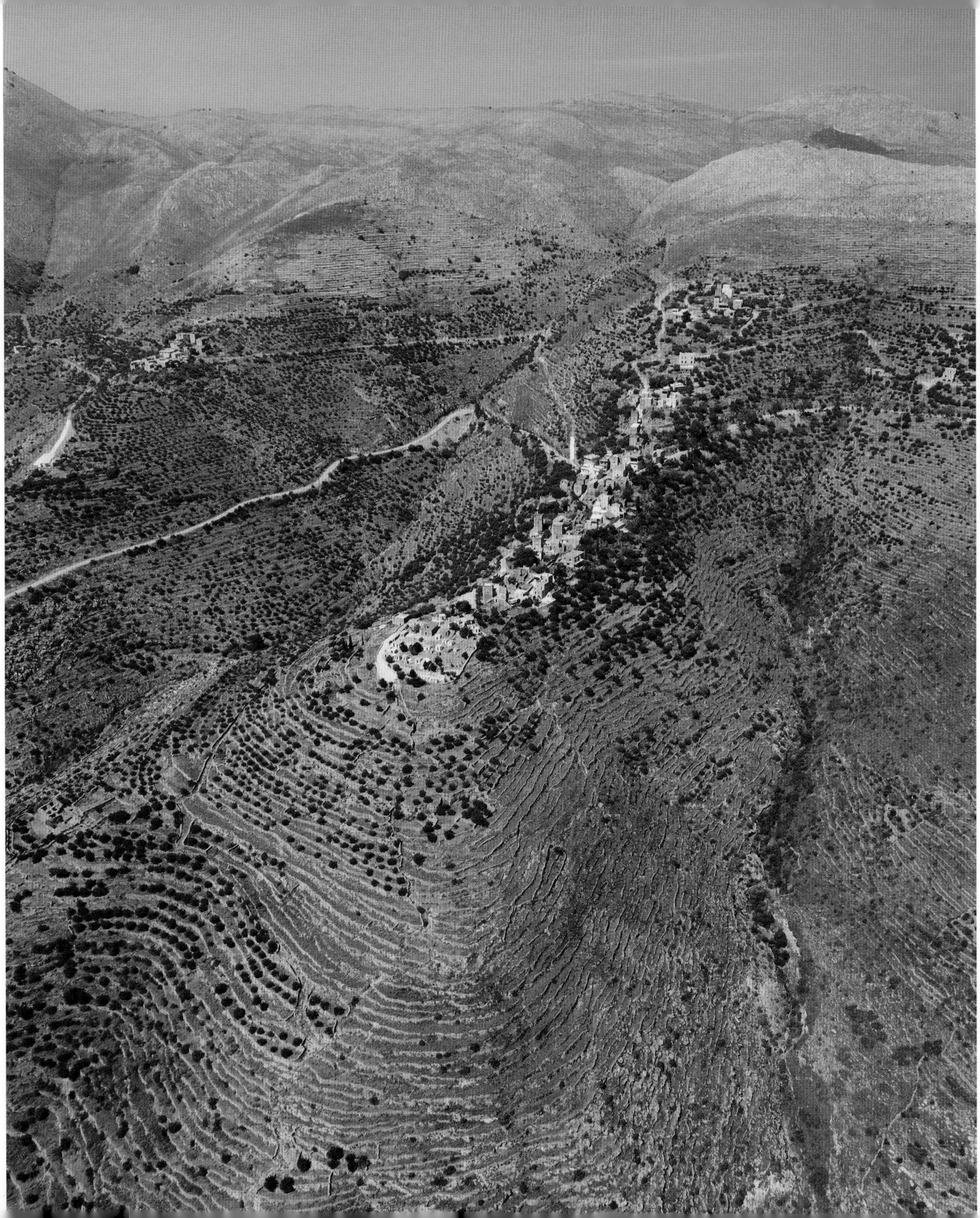

Μουντανίστικα
Moundanistika

Άγιος Κυπριανός,
επίνειο της Λάγιας
*Aghios Kyprianos,
the port of Laghia*

απέναντι:
Νικόλακκος
*facing page:
Nikolakos*

Προφήτης Ηλίας, Δημαρίστικων
Profitis Ilias, Dimaristika

απέναντι: *Αρχαία λατομεία κόκκινου μαρμάρου (rosso antico) κοντά στα Δημαρίστικα*
facing page: *Red marble (rosso antico) quarries, near Dimaristika*

Άνω Μπουλαριοί
και Δίπορο
*Ano Boularioi and
Diporo*

απέναντι: Χτιστό
μονοπάτι που
ανεβάζει από το
Γερολιμένα στο
Κατωπάγκι /
Γερολιμένας

*facing page:
Stone-built path
connecting
Gerolimenas to
Katopagi plateau
/ Gerolimenas*

Το Κατωπάγκι με τους διαδοχικούς αναβαθμούς που καταλήγουν στο υψίπεδο της Άνω Πούλας στο Κάβο Γκρόσο

Katopagi plateau with stepped platforms that end up at the Kipoula plateau on Cape Grosso

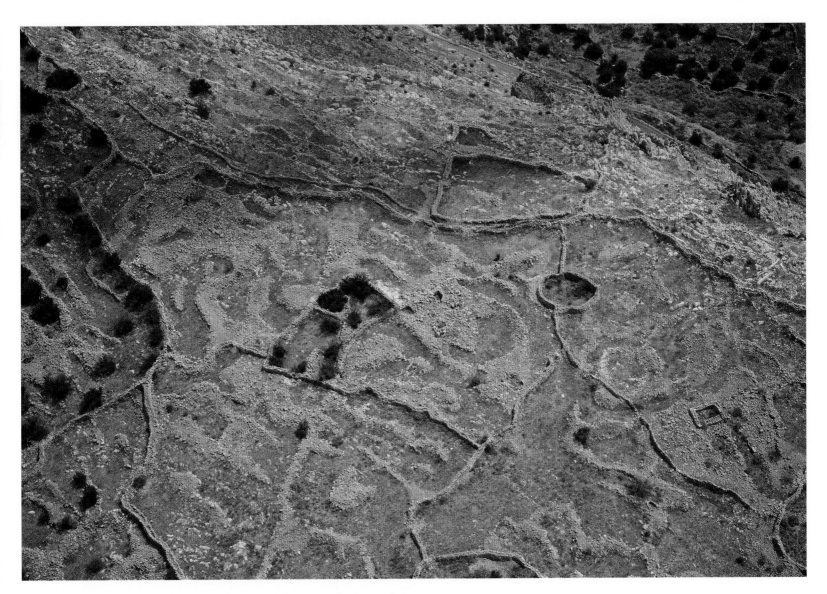

Το οροπέδιο Κηπούλα στο Κάβο Γκρόσο με τα διαχρονικά πέτρινα λείψανα
Kipoula plateau at Cape Grosso with the remains of fortifications

*To Κάβο Γκρόσο
από τα βόρεια
Cape Grosso
seen from the
north*

*απέναντι: Ο
ναός της Πα-
ναγίας Οδηγή-
τριας (Αγήτρια)
στη βραχώδη
ακτή ανάμεσα
στο Τηγάνι και
το Κάβο Γκρόσο*

*facing page:
The church
of Panaghia
Odigitria
(Agitria), on
the rocky shore
between Cape
Tigani and
Cape Grosso*

Αρχαίες αλυκές στο λαιμό της χερσονησίδας Τηγάνι
Ancient salt-works at the isthmus of Cape Tigani

απέναντι: Χερσονησίδα Τηγάνι με κατάλοιπα βυζαντινού κάστρου στο ακραίο ύψωμα
facing page: Cape Tigani with the remains of a byzantine fortress at the uplifted edge

Σταυρί
Stavri

απέναντι: Ο μικρός οικισμός - ξεμόνι της Αγίας Κυριακής
facing page: The small settlement of Aghia Kyriaki

Καλονιοί
Kalonii

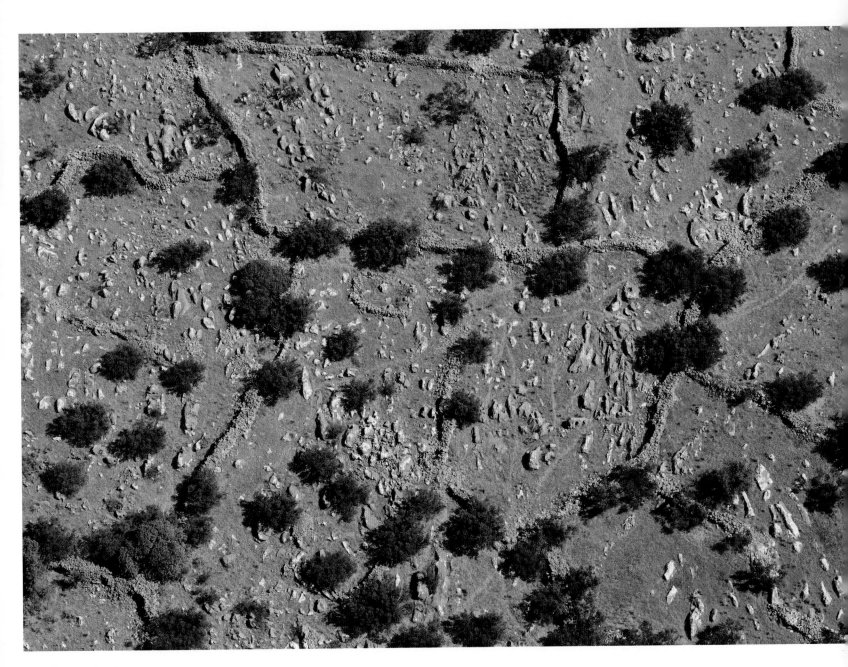

Μανιάτικος ελαιώνας
Olive grove in Inner Mani

Όρμος Μέζαπου και ομώνυμος οικισμός
Mezapos bay and the village of same name

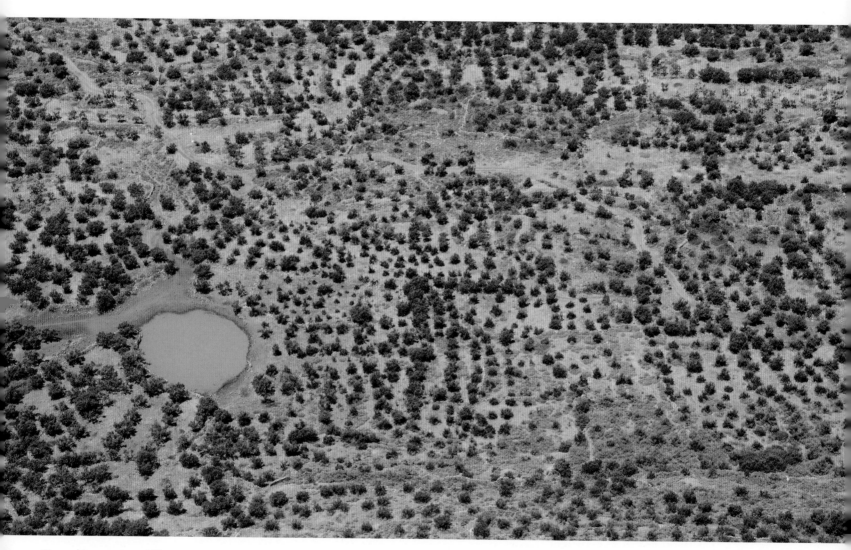

Ο νερόλακκος της Νόμιας
Pond near Nomia

*Η καταβόθρα Βαθιά
Μουζή, στο βάθος το
ακρωτήρι Τηγάνι*
*The Vathia Mouzi
sinkhole with
Cape Tigani in the
background*

Κίττα, κεφαλοχώρι του Νικλιάνικου
Kita, the main village of the Niklianiko

απέναντι: Κίττα και Καλονιοί, στο βάθος ο όγκος της Αγίας Πελαγίας
facing page: Kita and Kalonioi, with the summit of Aghia Pelaghia in the background

Ελαιώνας στην Πολεμίτα
Olive grove at Polemitas

απέναντι: Καρύνια
facing page: Karynia

*Καρύνια, Πολεμίτα και
η κορυφή Προφήτης
Ηλίας Βάμβακα*
*Karynia, Polemitas
and the peak of
Profitis Ilias*

*απέναντι: Μίνα
facing page: Mina*

Καλύβια και μάντρες από ξερολιθιά στο Βουνί, δυτικά του Νικόλακκου
Huts and stone walls at Kako Vouni

απέναντι: Πανόραμα του νότιου Σαγγιά από τη ράχη Αγριόκαμπος μέχρι το Ταίναρο
facing page: Panoramic view of southern Saggias from the Agriokambos ridge to Cape Tenaro

Λιακός, Μακριά Ράχη και Προφήτης Ηλίας. Στο βάθος οι ψηλότερες κορυφές του Σαγγιά

Liakos, Makria Rachi and Profitis Ilias. The highest peaks of Mount Sagias in the background

Καλύβι και μαντρότοιχοι στου Γοργόνα, Σαγγιάς
Hut and stone walls at Gorgonas, Mount Sagias

Παχιάνικα
Pachianika

απέναντι: Η ακτή της Προσηλιακής Μέσα Μάνης. Σε πρώτο πλάνο η Κοκκάλα
facing page: The coast of the eastern, Inner Mani. Kokala in the foreground

Η μονή Παναγίας Κουρνού
Monastery of Panaghia Kournou

*Η παραλία στα
Χαλίκια, το Νύφι
και η Μέσα Χώρα*

*The beach of
Chalikia, Nyfi and
Mesa Chora*

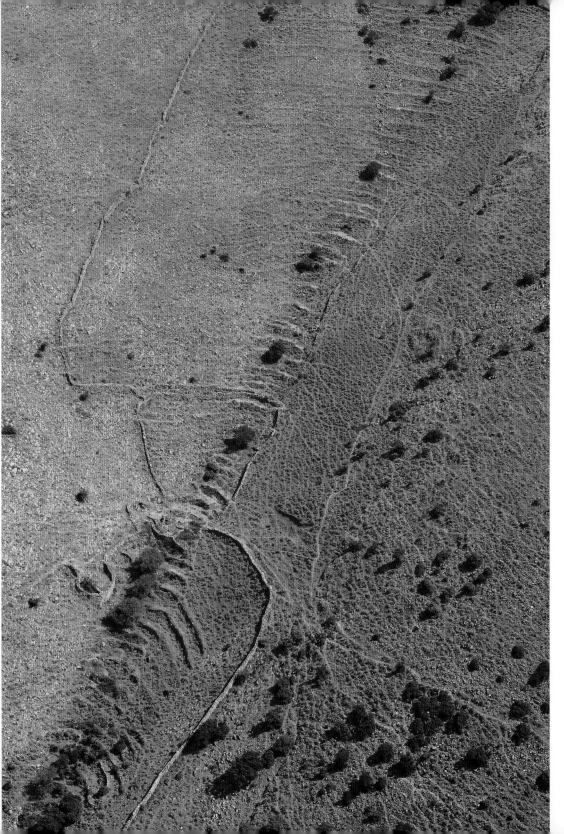

*Χαράδρωση με
μικρές πεζούλες
στον Προφήτη
Ηλία Βάμβακα*

*Ravine with
tiny terraces on
the slopes of
Profitis Ilias, near
Vamvaka*

*απέναντι:
Το καταπράσινο
υψίπεδο Φτερωτό.
Διακρίνεται ο νέος
δρόμος Μίνας
– Κοκκάλας*

*facing page:
The mountain
plateau at
Fteroto, densely
covered with
ferns. The new
road connecting
Mina to Kokala
can be seen*

Όρμος Λαγκαδάκι
Lagadaki bay

Λάκκα Θροκάλου,
Σαγγιάς

*Throkalou basin
on Mt Sagias*

Ο Άγιος Σώζων νότια από την Αρεόπολη
Aghios Sozon, south of Areopoli

απέναντι: Τουριστικές εγκαταστάσεις και μουσείο
στην είσοδο του λιμναίου σπηλαίου Βλυχάδας Διρού
*facing page: Facilities and museum at the
entrance to the Vlychada Cave of Diros*

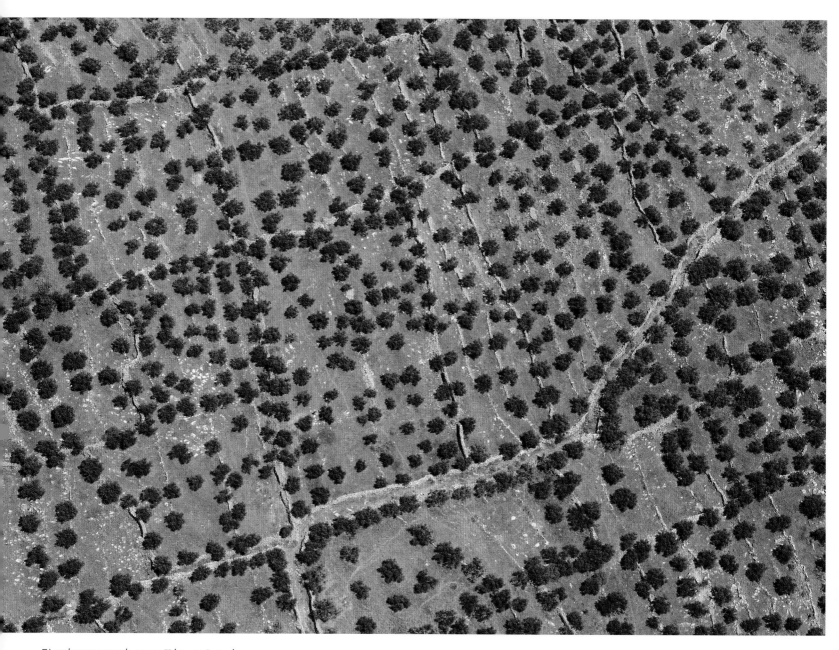

Ελαιώνας κοντά στον Πύργο Διρού
Olive grove near Pyrgos Dirou

Όρμος Διρού
Diros Bay

Το οχυρό συγκρότημα του οπλαρχηγού Σκλαβουνάκου στα Φουρνιάτα Πύργου Διρού
The fortified complex of Sklavounakos, near Pyrgos Dirou

απέναντι: Πύργος Διρού
facing page: Pyrgos Dirou

επόμενη σελίδα: Το βραχώδες πλάτωμα της Αρεόπολης, στη βάση της Αρκουδόλατσας
next page: The stony plateau of Areopoli, at the feet of Arkoudholatsa peak

*Αρεόπολη
(Τσίμοβα).
Διακρίνουμε
την πλατεία
Αθανάτων
στη νεότερη
επέκταση της
πόλης και τον
παραδοσιακό
πυρήνα της*

*Areopoli
(Tsimova),
Athanati
Square in the
new section
of the town,
and the old
nucleus*

Πλατεία 17ης Μαρτίου 1821, όπου οι Μανιάτες κήρυξαν την έναρξη της επανάστασης. Ξεχωρίζει το πυργοειδές καμπαναριό της εκκλησίας των Ταξιαρχών του 17ου αιώνα

17th March 1821 Square, with the prominent bell tower of Taxiarches church.

Το αναστηλωμένο «παλάτι» του Πετρόμπεη Μαυρομιχάλη στο Λιμένι
The restored "palace" of Petrobei Mavromichalis at Limeni

απέναντι: Το Λιμένι, επίνειο της Αρεόπολης
facing page: Limeni, the port of Areopoli

*Το Οίτυλο,
από τα βόρεια*

*Oitylo from
the north*

*απέναντι:
Οι εκβολές
του Μυλολά-
γκαδου, κοντά
στο Καραβο-
στάσι, επίνειο
του Οιτύλου*

*facing page:
The mouth of
Mylolagado
river, near
Karavostasi,
the port of
Oitylo*

Το μεταβυζαντινό κάστρο της Κελεφάς και το χωριό Κελεφά στα δεξιά, το καταπράσινο Μυλολάγκαδο στη μέση και στην απέναντι πλευρά το Οίτυλο

The post-Byzantine fortress of Kelefa and the village of Kelefa to the right, the lush valley of Mylolagado in the middle, and Oitylo on the opposite side

Το Φλομοχώρι με τους ψιλόλιγνους πολεμόπυργους
Flomochori with its tall and narrow war towers

απέναντι: Το Φλομοχώρι με τους οικισμούς Βάτα και Καυκί, πιό πάνω τα Λουκάδικα,
στο βάθος η Χιμάρα και οι κορυφές του Σαγγιά στον ορίζοντα
facing page: The village of Flomochori with the settlements Vata and Kafki,
Loukadika further up, Chimara and the peaks of Mt Sagias in the background

*Ο Κότρωνας
με το λιμανάκι
και την
παραλία του*

*Kotronas
with its little
port and
beach*

Η Χαλικιά Βάτα με τα ολόλευκα βότσαλα
Chalikia-Vata beach with white pebbles

απέναντι: Ο λαιμός της χερσονησίδας Σκοπά, στον Κότρωνα
facing page: The sandy isthmus of Skopas peninsula at Kotronas

Η περιτοιχισμένη Μονή της Μεταμόρφωσης του Σωτήρα του 14ου αιώνα, κοντά στη Γωνέα
The 14th century walled monastery of Metamorphosis near Gonea

Ο μικρός οικισμός Γωνέα, πάνω από τον Κότρωνα
The small settlement of Gonea, above Kotronas

*Το Σκουτάρι,
σκαρφαλωμένο
σε μικρό ύψωμα
με τη μεγάλη
αμμουδιά στα
πόδια του*

*Skoutari, with
the long sandy
beach at its feet*

Μικρό ακρωτήρι νότια από το Σκουτάρι
Small cape, south of Skoutari

*Ο Βαχός,
ημιορεινό χωριό
στο σύνορο
Ανατολικής /
Δυτικής Μάνης*

*Vachos, a
middle altitude
village at the
boundary
between east
and west Mani*

*απέναντι:
Ερειπωμένη
πυργοκατοικία
στη Σκάλα
Βαχού*

*facing page:
Ruined tower-
house at Skala,
Vachos*

Καρέα (αριστερά) και Κάτω Καρέα (δεξιά) κάτω από το ύψωμα Αγίας Βαρβάρα

Karea (to the left) and Kato Karea (to the right), at the feet of Aghia Varvara peak

απέναντι:
Το Σιδηρόκαστρο, φυσικά οχυρωμένο χωριό στα πόδια της νοτιότερης κορυφής του Ταϋγέτου, Ζίζαλης

facing page:
Sidirokastro, a naturally fortified village at the foot of Zizali, the southernmost peak of Mt Taygetos

Το ερειπωμένο συγκρότημα Τσικουρίου Γρηγοράκη στον Αγερανό
The ruined tower-house of Tsikourios Grigorakis at Ageranos

απέναντι: Το φράγκικο κάστρο του Πασαβά
facing page: The Frankish castle of Passava

Το τειχισμένο συγκρότημα του Αντωνόμπεη Γρηγοράκη
The fortified complex of Antonobei Grigorakis

*Ο Αγερανός
με τα νεότερα
σπίτια ανάμεσα
στις οχυρές
κατοικίες των
Γρηγοράκηδων*

*Ageranos with
the new houses
among the
tower–houses
of Grigorakis
family*

Η μακριά
αμμουδιά του
Μαυροβουνίου,
επίλεκτη των
παραθεριστών
της Μάνης
αλλά και των
θαλάσσιων
χελώνων
Caretta caretta

The long sandy
beach of
Mavrovouni.
A favourite
of both
holidaymakers
and the
Caretta caretta
sea turtles

απέναντι: Ύψω-
μα και οικισμός
Μαυροβούνι.
Στο βάθος η
νησίδα Κρανάη
και το Γύθειο.

facing page:
Mavrovouni
village and
hill. The islet of
Kranae and
Gytheio in the
background

*Το Γύθειο
σκαρφαλωμένο
στις πλαγιές
του δασωμένου
Ακούμαρου
και η νεότερη
επέκταση του
οικισμού προς
τα βόρεια*

*The old town of
Gythio perched
on the slopes
of forested
Akoumaros hill,
and the modern
outgrowth to the
north*

Η νησίδα "Κρανάη", με τον οκταγωνικό φάρο του 1873 και τον πύργο του Τζανετάκη Γρηγοράκη (σήμερα Ιστορικό Εθνολογικό Μουσείο Μάνης). Στο βάθος η προκυμαία του Γυθείου

Kranae islet, with the octagonal lighthouse built in 1873, and the tower of Tzanetakis Grigorakis (now Historical and Ethnological Museum of Mani). The waterfront of Gytheio is in the background

Το λιμανάκι του Αγίου Νικολάου (Σελίνιτσα)
The fishing port of Aghios Nikolaos (Selinitsa)

απέναντι: Το ψαροχώρι Τραχήλα, επίνειο της Λαγκάδας
facing page: The fishing village of Trachila, port of Lagadha

Ο τρισυπόστατος ναός Κοίμησης Θεοτόκου, Αγίου Θεοδώρου και Θωμά, ανατολικά από το Πραστείο
The church dedicated to the Dormition of the Virgin, Saints Theodore and Thomas to the east of Prasteio

απέναντι: Η δίλοβη παραλία της Στούπας, γρήγορα αναπτυσσόμενου θερέτρου της Μεσσηνιακής Μάνης
facing page: The two-coved beach of Stoupa, a rapidly developing resort in Messinian Mani

σελ. 114: Το μοναστήρι του Σωτήρος, στη χαράδρα του Βυρού
page 114: Sotiras monastery in the Viros gorge

σελ. 115: Το Εξωχώρι με τους οικισμούς Νίκοβο, Πρίπιτσα, Χώρα και Κολιμπετσαίικα, η χαράδρα του Βυρού και απέναντι τα Τσέρια. Στο βάθος μέσα στα σύννεφα η κορυφή Χαλασμένο
page 115: Exochori with its settlements Nikovo, Pripitsa, Chora and Kolibetseika, the Viros gorge and Tseria on the opposite side. Far in the background, in the clouds is the peak of Chalasmeno

Το λιμάνι της Καρδαμύλης με το παλιό τελωνείο των Μούρτζινων και τη βάρδια των Δημητρέων στα αριστερά.
The port of Kardamyli with the old customs-house and the Dimitreas tower to the left

απέναντι: Καρδαμύλη, Παλιά Καρδαμύλη και η έξοδος της χαράδρας του Βυρού
facing page: Kardamyli, the old settlement of Kardamyli, and the exit of Viros gorge

Το οχυρό συγκρότημα του Γεωργίου Καπετανάκη, 19ος αι., στην Τρικότσοβα Σωτηριάνικων
The fortified complex of George Kapetanakis built in the 19th century, at Trikotsova Sotirianika

απέναντι: Το κάστρο της Ζαρνάτας, ο βυζαντινός ναός της Ζωοδόχου Πηγής και ο οικισμός Σταυροπήγι
facing page: Zarnata castle, the Byzantine church of Zoodohos Pigi and the village of Stavropigi

Μάνη · Mani
Όπως πετάει ο γλάρος - As the seagull flies

εκδότης: Πηνελόπη Ματσούκα
publisher: Penelope Matsouka

φωτογράφοι: Πηνελόπη Ματσούκα, Βασίλης Γεωργιάδης
photographers: Penelope Matsouka, Vasilis Georgiadis

γλάρος: Νίκος Βυργιώτης
seagull: Nikos Viryiotis

σχεδιασμός: Σταμάτης Κρίτσαλος
graphic design: Stamatis Kritsalos

καλλιτεχνικός σύμβουλος: Ήβη Αδαμακοπούλου
artistic advisor: Ivi Adamakopoulou

επεξεργασία εικόνων: Μάρκος Κουκλάκης
image processing: Markos Kouklakis

εκτύπωση: Βιβλιοσυνεργατική Α.Ε.Π.Ε.Ε.
printing: Vivliosinergatiki S.A.

παραγωγή: εκδόσεις ΑΝΑΒΑΣΗ, Διδότου 55, Αθήνα 10681
production: ANAVASI Editions, Didotou 55, Athens 10681
tel/fax: 210.3210152, e-mail: anavasi2@otenet.gr

διανομή: Ταξιδιωτικό Βιβλιοπωλείο ΑΝΑΒΑΣΗ, Στοά Αρσακείου 6Α, Αθήνα
distribution: ANAVASI Travel Bookstore, Stoa Arsakiou 6A, Athens 10564
tel/fax: 210.3218104, www.anavasi.gr